숲에서 배운다

초판1쇄 인쇄　2025년 10월 15일
초판1쇄 발행　2025년 10월 20일

글쓴이　이복숙

펴낸이　김희진
펴낸곳　Book Manager　　주소　전주시 완산구 메너머 4길 25-6
전화　(063) 226.4321　　팩스　(063) 226.4330
전자우편　102030@hanmail.net
출판등록　제1998-000007호

ISBN　979-11-94372-39-4
값 12,000원

* 이 도서는 예술인복지재단에서 지원받아 제작되었습니다.

· 잘못된 책은 바꿔드립니다.

· 이 책은 저작권법에 따라 보호 받는 저작물이므로 무단 전재와 복제를 금지합니다. 이 책의 내용 전부나 일부를 이용하려면 반드시 저자와 북매니저의 서면 동의를 받아야 합니다.

숲에서 배운다

이 복 숙 시집

시인의 말

햇살 같은 마음, 바람처럼 떠다니는 추억들로
얼기설기 엮은 시를 모아
첫 시집을 묶으려니
설렘보다는 떨리고 부끄럼이 앞섭니다.
하지만 부족함도 저의 일부이기에
용기를 내 보았습니다.
첫발을 떼는 아기처럼.

진심을 담은 작은 숨결에
위로와 공감이 함께하면 좋겠습니다
읽어주시는 마음에 깊이 감사드립니다.

2025년 9월

이복숙

 목차

시인의 말 · 005
시 해설_ 김병중(시인, 문학평론가) · 109

1부

울 엄마	12
명자꽃	13
목련	14
열매	15
새해 인사	16
큰물	17
아버지의 향기	18
달팽이의 꿈	20
변산바람꽃	22
고향 생각	23
봄 월	24
황금 계절풍	25
마음에 피는 꽃	26
꽃바람	28
생일 아침	30
깜짝 선물	32
하늘 붓질	34
가을 한 알	35

2부

관계	38
나만의 사랑	39
반가운 친구	40
땀방울	41
낙엽이 보내는 엽서	42
부산 아홉산 숲	44
아주 옛날이야기	46
엄마의 꽃밭	47
모정의 탑	48
이별	50
대보름 예방주사	51
우리도 꽃	52
아버지	53
가을 향기	54
십이월 첫날	55
기도	56
사랑 고리	58

3부

가을이 왔어요	62
길목에 서서	63
낙조落照	64
인생 2막	65
몸의 일기예보	66
울타리	68
새싹	69
할머니의 복덩이	70
코로나의 겨울	72
봄 내음	73
문풍지의 추억	74
단풍나무	75
변산 해변	76
신비의 나무	77
햇살과 바람과 그리움	78
함께 가는 길	80
빗물이 눈물 되다	82
종이꽃	83

4부

아버지 무궁화꽃	86
지나간 뒤에	88
감나무 아래서	89
희망 전도사	90
서성이는 황혼	91
숙제 아닌 숙제	92
숲에서 배운다	94
연서	95
내 안의 나	96
커 가는 지혜 나무	98
봄	100
연인	101
자유로운 수호자	102
코스모스	103
일기예보	104
풍경	106
홍시	107
희망 나무	108

1부

울 엄마

삶이란 이름으로
침대를 등에 업고

웃음 얼굴 내려놓고
울음 삼킨 가슴

지워지는 머릿속
가벼워지는 몸

생을 일궈내던 마디 굵은 손
바쁜 걸음 옮기던
무쇠 다리 어디 가고

지금
침상과 한몸 되어
천국을 노래하네

엄마,
울 엄마

명자꽃

강남 갔던 제비
박씨 하나 물고
훈풍에 휘감겨 돌아왔네

얼기설기 물오른 가지마다
연둣빛 새움 돋아날 때
숨죽여 살피는
작은 눈망울

짙어지는 잎새 뒤로
살그머니 조막손 펼쳐
환하게 달아 주는
핏빛 꽃등

수줍게 숨어서
마음 훔치는
얄미운 사랑

명자야
명자야

목련

앞산
산능선 아래
자리한 오두막 한 채

봄 처녀 다소곳
먹물 찍어 봄 그린다

붓길 닿는 자리마다
앞다투어
호롱불 매달아

임 오시는 길목
환히 밝히네

열매

꽃 피고
진 자리
결실 달렸다

흐르는 시간 따라
영그는 육 자매

홀어미 땀방울
거름 되어
탐나게 영글었다

새해 인사

입에서 입으로
소리가 전염된다
"새해 복 많이 받으세요."

손에 손잡고
나이 먹는다
"새해 건강하세요."

마음에서 마음으로
사랑 옮긴다
"새해 행복하세요."

소망 바라며
꿈 키운다
"꽃길만 걸으세요."

큰물

쿵쿵 큰북 소리가 허공을 가르면
뒷마당 대나무숲 흔드는 비파 연주
후 두둑 두 두둑
양철지붕이 운다

무섭게 내리는 굵은 빗줄기
안마당은 금방 흙탕물로 넘쳐나고
제멋대로 만들어진 물길은
골목을 휘돌아 사납게 내달린다
논밭을 쓸고 개울을 넘나들어
모든 걸 순식간에 휩쓸어 간다

번쩍
우르릉 쾅
흑백사진 찍으며
대자연이 노기를 부린다

아버지의 향기

봄이 시작되면
아버지의 나무 지게에
꽃향기가 매달린다

지난해 켜켜이 쌓아 놓았던 삭정이 나뭇단과
귀한 대접받던 처마 밑 장작더미가
바닥을 드러낼 즈음이면
매화향이 코끝에 달리고
결 고운 버들강아지 기지개 켠다

성급한 노오란 산수유 한두 송이
봄 마중 앞장서면
먼 산으로 땔감 구하러 나서는 시기와 맞닿는다

귓불을 스치는 달큼한 바람
쪼개져 들어오는 눈부신 햇살
아버지 빈 지게 위에 얹혀 간다

골 깊은 산 먹장구름 속 굵은 빗줄기

도깨비불 전설
뒷덜미에 꽂히던 어린 기억

내색 없이 안마당 들어서는 아버지
나뭇짐 위에 활짝 핀 진달래
발걸음 따라 춤추는 보랏빛 싸리나무꽃
알싸한 봄 내음을 몰고 들어선다.

삭정이처럼 마른 아버지 등에는
땀방울로 써 내려간 식솔들의 무게가
하얀 소금길 되어
저녁노을에 반짝인다

달팽이의 꿈

꿈을 나르는 천사들이 있습니다
맑고 깨끗한 옹달샘
퍼 올려도
퍼 올려도
마르지 않는 샘
사랑이 샘솟듯 흘러납니다

한 걸음 한 걸음
천천히 내딛는
꿈 찾는 천사들
빨강, 주황, 노랑, 초록…
각양각색 빛깔로
꿈을 그리고
음률을 따라 나아갑니다

색칠로 악보 익히고
숫자로 계이름 기억하며
느리게 훑고 지나간 길 따라
청아한 리듬 악기 음률이

순수한 마음과 하나되어
분수처럼 솟아오릅니다

웃음꽃 피어나는 사랑 터에는
날개 없는 달팽이 천사들이
오늘도 천천히
꿈을 키웁니다

변산바람꽃

아직 잔설이 납작 엎드려 있는
겨울 끝자락
봄 깨우는 바람끝이 매섭다

응달진 구석 한쪽
한 줌 햇살이 와서 간지럼 태운다
봄을 속삭이며

낙엽 이불 살짝 들치고
가만가만 고개 내밀어
맑은 향기로 화답한다

변치 않는 변산바람꽃

봄을 기다리는 길손
나도 바람의 꽃이 된다

고향 생각

한여름 밤
초가지붕 위로
순한 보름달이 떠오르면
하얀 박꽃 피고
북두칠성 곁으로 은하수 흐릅니다

평상에 누우면
작은 풀벌레 소리도
고요 속으로 스며듭니다

헌 고무신짝 올려
모깃불 피우던 그 시절

지금
오가는 이 없는
그리움입니다

봄 월

노랑나비
임 향해 나풀거리네

호랑 무늬 벌
꿀 따려 기웃거리네

살랑대는 꽃바람에
새콤한 미소 흩날리네

무지개다리 걸어 놓고
봄 향연 펼쳤네

황금 계절풍

푸르름은 드높이 번져
바람 타고 일렁이는 황금벌판

허수아비 굽은 등 펼치며
팔 벌려 바람 끝을 안았다

계절풍에 매달려
몇십 번 접고 편 가쁜 여정
짠내 배인 시린 젊은 날들이
풍요롭게 익어 간다

앞서간 세월 서산에 기댄 채
빛 고운 저녁노을
어깨동무하자 속삭인다

부서져 쏟아지는 그리움은
찰나의 기억으로 스친다

계절처럼 익어 가는
황금빛이 가슴 깊이 스며든다

마음에 피는 꽃

같은 길을 걸어도
매번 다른 모습이다

젊어서 보이지 않던 꽃들
이제야
폭죽처럼 터진다

향기를 뿜어야 꽃이고
자태가 고와야 꽃이라 믿던
그 시절 지나고

어여쁘지 않아도
벌 나비 오지 않아도
지는 꽃도
꽃인 걸 이제야 알았다

흘러간 세월
스쳐간 인연에도
눈물 고인다

저녁노을 받쳐 들어
연민의 볼 붉게 물들인다

천지는 이미
꽃으로 가득하다

꽃바람

임 소식 설레어
골목 어귀 목련화
호롱불을 켠다

혹한 견딘 설중매
바람결에 소식 전하니
개나리 노란 갓 쓰고
동구 밖에 와 있더라

밤새운 명자꽃
붉게 물들며
콩닥이는 가슴
미선 향기에 젖는다

연두 치마 갸웃이 내민
홍매화 고운 어깨
민들레 버선발로
임 마중 나선다

진달래 북 치고
산수유 피리 불고
수선화 줄지어
나팔을 불어댄다

천지가 꽃바람 났구나

생일 아침

밤새 쌓인 눈이
소나무 생가지 찢고
매서운 혹한 겨울
정월에
태어났단다

새벽 일찍 일어난 엄마
방 한쪽 시렁 위 삼신할미께
정화수 올리고
잔병치레 많은 자식
무탈하게 지켜 달라고
두 손 모아 기도드린다

미역국에 흰쌀밥
차려준 생일상
좋아만 했지요

엄마
울 엄마

낳으시고 기르느라
얼마나 수고로웠는지를
몰랐지요

자식 키우며
엄마 길 간다
사는 게 바쁘다는
핑계 아닌 핑계로
챙겨 드리지 못했어

효도 받을 부모님은
지구별에 안 계십니다

생일날 아침
애잔한 그리움
울컥울컥 넘깁니다

깜짝 선물

재촉하는 계절
풍요를 내어준 가을
메마름으로 스러진다

피고 지며
떠나면 오는 것
자연의 법칙

사계절 몇십 번 돌고 나니
약 봉지 몇 개가
식탁 위를 채운다

가을바람 업혀
덜어 내는 가로수
가벼운 몸으로
혹한을 견디더니

훈풍에 봄 오자
놀라운 사랑

온몸 가득 피워 낸다

머문 듯 가는 생
나 또한
깜짝 선물 받고 싶다

하늘 붓질

마음 열어
하늘에 붓질 띄웠다

틀 속에 갇혔던 고단함
자유롭게 흘러
하늘로 번진다

훨훨

가을 한 알

솔바람 간질이는 산책길
반지르르
가을 한 알이 발걸음을 멈추게 한다

두리번거리다
허공에 시선 머무니
갑옷 두른 밤송이
작은 입 벌려 방긋 인사한다

"내일도 오렴
가을 선물 담아 줄게."

넓은 치맛자락 펄럭이며
달려올게요

관계

우연히 만나 마음이 오가니 인연 되고
같은 곳 바라보며 필연이 되었지
발맞추어 걸었다

생각에 갇혀
묶인 감정 열리지 않고
엉킨 실타래 더 엉킨다

아끼던 찻잔
쨍그랑
아프지 않은 이별은 없구나

믿음이 불신 되어 떠난 자리
조각 성을 만들어
콕콕 콕콕 콕

비틀어져
아픈 마음

나만의 사랑

철 지난 빈 들녘

빛 고운 자태 머금고
달콤한 향기 흩날리네

길손 마음 스며드는
은밀한 속사랑

반가운 친구

살랑살랑 꼬드기는
결 고운 속삭임에
허허로운 대지는
너를 품고 푸근해 하네

시집 한 권 펼치니
작년에 두었던
색 고운 단풍잎
바스락
예쁜 몸짓으로 눈을 맞춘다

허공을 빙그르르
속절없이 내려앉았던 그날
까무룩 잊고 있었네

가을 향 들고 눈 감으니
추억이 감미롭다

가을 친구 반가워

땀방울

오묘한 자연
오가는 길손
걸음 헤아리기 어렵다

지난여름
할퀴고 간 상처
인고의 바람 스쳐
새살로 채워주고

풍요신 입 맞추니
금빛 땀방울 맺혀
만찬장 차린다

낙엽이 보내는 엽서

햇살 가득한 날
솔바람 따라
둘레길 걷는다

흐르는 물소리 시원한 몸짓
계곡의 경쾌함이
발걸음을 멈추게 한다

휘~삐리릭
숲을 흔들며
산새가 날아간다

푸른 하늘 담고
가쁜 숨 고를 때
"여기요, 여기!"

저물기 전
어서 와서 받아 가라 손짓하는
글 없는 오색 엽서

물 따라

길 따라

아랫마을로

배달 나간다

부산 아홉산 숲

맑은 바람과 새소리가 지저귀는 울창한 숲
밀려왔다 밀려가며
쏴아 파도치는 청록의 대나무밭
검은색에 가까운 녹색, 짙은 여름 숲
고요와 소리의 흔들림이 겹치는 이곳은
숲이 주는 자연 치유의 공간이다

4대째 이어오며 정성 담아 가꾼 개인 소유 산자락
고사리조차 귀하게 본다는 주인집 마당에는
씨앗으로 자생한 품 넓은 은행나무가
당당한 자태로 서 있다

백 년 전 중국에서 들여온 맹종죽
대나무 마디가 거북 등껍질 닮아 붙여진 구갑종
백 년을 훌쩍 넘겼다는 배롱나무
사백 년째 살고 있다는 금강소나무
다양한 생명 품고 있는 풍성한 숲
부산 기장군 철마면 아홉산 자락
고택은 '관미헌' 현판이 붙어 있다

하늘 향해 커가는 소나무와 대나무
틈나면 잠깐씩 열어주는 맑은 하늘
살랑대는 바람이 수묵화 그리고
숨죽여 생기를 불어넣는 숲속 요정
바람과 잎사귀 정다운 밀어를 속삭이며
그늘 밑으로 떠민다

숲은 여행자를 붙잡는 마력을 품고 있다
자락에 이끌려
그 속으로 들어간다

아주 옛날이야기

컹
컹컹
적막함
물러선다

뚜
뚜우
새벽이
일어선다

쓱
쓰윽
한 방울
닦아낸다

빛
바랜
사진첩
거기 있네

엄마의 꽃밭

두엄더미 옆
한 뼘 땅뙈기

해 따라 도는 해바라기
땅따먹기 채송화

철 따라
엄마 소망 피어나는 곳
풍문 듣고 모여든
자랑 터

환한 미소 그리워
꽃밭에 서서

모정의 탑

하늘 아래 첫 동네
왕산 대기리
맑은 윤슬이 반짝이며
계곡물에 화음 얹어
무심히 흐른다

형형색색 물드는
숲의 화려함 눈에 담으며
마음 물들이는 풍경 따라
개울 건너 좁은 산길 들어서니
가지런히 줄지어 선 돌탑들

사랑하는 자식 먼저 보낸
죄 아닌 죄 눌러쓰고
손발이 다 닳도록
속죄로 쌓아 올린 무게
사연 읽으니 먹먹하다

돌 하나에 정성 담아

아픈 삶 불어넣고
쌓아 올린 모정의 탑
계곡 따라 흔적 남아

산새 노래에 희망 싣고
숲길 나서니
애절한 사연 마음 붙든다

이별

놓아줄 것 같지 않던
땡볕 줄기
입추가 건넨 쪽지에
한 발 물러서 준다

포도송이 탱그르
하늘에 박히고
뒤 계절 슬그머니
황금 카펫 펼치니
갈색 길손 들어와
빌딩 숲 물들인다

흐르는 강물
민물고기 놔두고
바닷고기 품었듯

뜨거운 열정이
풍요 여신 섬겼구나

네가 지켜낸 사랑
가을 섬기리

대보름 예방주사

정월 대보름달
환히 떠올라
부모님 얼굴이 담겨 있네

열나흘 저녁
오곡밥 아홉 나물
장독 위에 차려 두고
두 손 모아 빌었다
무병장수하라고

어스름 새벽
눈곱 떼기 전
머리맡 부럼 찾아 깨물고
귀밝이술 한 모금

'부스럼아 물렀거라'
'내 더위 사세요.'

코로나로 멀어진 풍속
그때 그 시절
예방주사였구나

우리도 꽃

현아 선아 희야
오색바람 일렁이는
가을 뜨락에 앉아
정다운 이름 불러 본다

방글 방그르
와글 와그르
활짝 피우며 빛나던 시절
말똥 까르르
잎새 떨어지면 또르르

함께여서 고왔던 시간
계절이 지나가는 길목에서
삶의 향기 전하는 벗님이여

아직도
우리는 꽃이랍니다

아버지

베적삼 걸친
아버지 굽은 등에
여름날 불볕 꽂힌다

구릿빛 얼굴
멍울진 땀방울
아등바등 매달려
소금꽃 피고

아롱이 다롱이
벌린 목구멍
배고픈 일기는 쓰지 말라고

멍에 얹은 어깨 펴고
오늘도 힘차게
길을 나선다

가을 향기

새벽안개 자욱한
항동 수목원

땅벌처럼 쏘아대던 햇빛
아직도 열기로 남아 있는데

입추 처서 지나니
언제 그랬냐는 듯
발그레 얼굴색 바꾼다

백당나무는 빠알간 구슬 꿰고
때죽나무 열매도
탱글탱글 살이 오른다

쪽빛 하늘에 그려지는 임의 실루엣
가을 향 풀어
치마폭에 물들이고

가을 향기 한 움큼 건져
가슴에 담는다

십이월 첫날

뚝
떨어진 기온
자라목 되고

움츠린 몸
고슴도치 같은
사랑을 품네

한껏 그려보는
그날의 설렘

첫사랑
만날 것 같은
십이월 첫날

기도

나뭇가지 흔들며
사납게 불던 바람은 어디 갔나
잠 못 이루던 시린 가슴
따뜻한 은혜가 덮었네

사랑도
아픔도
그리움도
지나고 나면
한때 한순간

흘러간 물처럼
찰나의 추억으로 남았네

본향을 향한 종착역
서산마루 걸쳐 있고
눈뜨고 숨 쉬고
하루하루가 기적인 지금

남은 것은 감사 기도뿐

마주한 두 손

하늘에 닿기를

사랑 고리

똘망똘망
바른 자세
멋지고 사랑스러워

반짝이는
눈망울
호기심 가득

뾰족
연두 새싹
어울더울 어울려

통통
튕겨 오르는
생각 키우는 밭

이야기꽃 심어주는
은빛 할머니

둥실
하나 되어
옛이야기 속으로

아름다운 사랑의 이음줄이어라

3부

가을이 왔어요

파이고 휘어지고
뜨거운 태양 견뎌 낸 그 자리
색 짙은 가을로 돌아왔어요

인내로 키워 낸 들녘
황금빛 이삭마다
풍요로움이 익어가고

고개 숙이면
눈물까지
영그는 계절

길목에 서서

깃 세운 초겨울
잎새 저버린 길목
조각 햇살 스미어
고운 자태 세운다

말간 장미
동박새의 노래 따라
방울방울 아쉬운
웃음꽃 흘린다

마음 한쪽 비워
빛의 풍경을 담는다

낙조落照

붉은 등짐 지고
일어서서
빛 고운 자태 풀어낸다

한 치 오차 없이
열정 다해
임무를 수행한다

희망도 욕망도 절망도
뭉뚱그려
고르게 뿌린다

뜨겁게
앗 뜨겁게

열일 끝낸 기쁨
온전히 내려놓고
살짝이 숨어든다

황홀히 남긴 긴 여운
삶의 뒤태

인생 2막

푸르던 잎새
기척 없이 물들 듯
가는 시간
멈춘 듯 흐른다

생각하는 로뎅
번민의 끝은 찾았을까
꼬리 무는 물음표
정답 없는 질문해 봤지

서쪽 하늘 붉히며
넘어가는 태양
길게 드러눕는다

몸의 일기예보

습도 품은 공기
안개꽃 피우고
물 먹은 구름
비바람 부르네

근골격 무릎관절
마디마디 아우성
내 몸의 일기예보
삶의 궤적 훑는다

백옥빛 비킨 자리에
흑장미 피어나고
굵은 이랑 위로
잔물결 일렁인다

뚝심만 박고
쉼표 잊은 채 내달린 걸음
애증과 연민을
겹겹 껴입는다

닦고 조이고 기름치며
여기까지 온 것도 은혜

서산에 저무는 노을
눈물 한 방울
조용히 내려앉는다

울타리

잊힌 듯
무심한 듯
그러나 늘 지키고 있다

바람 속 하늘을 품고
곁을 지키는 보라매처럼

말없이 마음을 가린
꽃담처럼

묵묵히 자리 지키는
사랑하는 아들

새싹

똑똑
햇살이 노크하고
달님이 입 맞춘다

또르
빗방울
반가운 손님

살랑
연두 바람
몰려오니

파르르
떨리는 맵시로
봄 틔운다

할머니의 복덩이

집 안으로 넝쿨째
복덩이 들어왔다

하늘 아래 온 세상 다 얻은 기쁨
얼기설기 부족 덩이 할미는
수선만 피운다

내 어릴 적 할머니는

부르르 배앓이
쓰윽 쓱쓱
약손 되어
엄마 잔소리 막아주고

흥얼흥얼
주문 흘려
꿈나라로 보내던
위대한 지킴이였어

넝쿨째 굴러온 복덩이
약손, 지혜 손
사랑 고리 엮어 줄게

튼실히 뿌리 내려
해처럼 달처럼 맑게 빛나길
두 손 모아 기도한다

코로나의 겨울

한라산 백록담
덕유산 향로봉
휘몰아치는 눈보라를 텔레비전으로 본다

모두가 멀어져 간다
끝날 줄 모르는
괴이한 세상

욕심이 모여
또 다른 바벨탑 쌓고 있으니
화나신 분께서 흩트릴 수밖에

끝날 줄 모르는
코로나19라는 돌림병

지금
몸과 마음
겨울 한파보다 더 춥다

봄 내음

봄비 내려
언 땅 녹이고
살랑 부는 바람 간지럽다

등딱지 쓰고
겨울잠 자던 개구리
봄기운에 화들짝

안개 낀 숲속 나무
실루엣 걸치고
몽환적인 계절이 물오른다

니 봄
내 봄
모두 봄
사랑에 빠졌네

문풍지의 추억

문살이 뼈를 드러내는 가을날
겨우살이를 준비한다

풀 먹인 창호지 격자문에 붙으면
맑은 햇살 내려와 거문고 뜯고
틈새 바람 허락 못 하는
문풍지 나부낀다

국화잎 넣어 바른 문짝에 기대어
가을빛 받으며
꿈꾸던 뜰

단풍나무

밤새 가지 흔들던 바람
아가 손 같은 융단 깔아두고
새벽안개 덮은 채 곤히 잠든다

가지 사이 내려앉은 아침 햇살
조각보 꿰매시듯
금빛 실을 건져 올린다

여린 몸으로 태어나 부대끼며 견뎌 온 날들
빨강 주황 노랑… 그 속에 남은 초록
흩날려 눕는
어여쁜 아픔

변산 해변

깃털 구름 하늘 누비고
여름 바다 햇살은
눈이 부시다

켜켜이 쌓인 절벽 아래
파도 소리 요란하건만
한 마리 새
바위 끝에 앉아
한가로이 쉼을 즐긴다

채석강 강이 아니다
적벽강 강이 아니다
억만 년 전 형성된 천하 비경

쉼이 좋은 변산반도
울퉁불퉁 돌 깔린 해변 걸으니
하얀 포말이 튕겨와 발목 잡는다

바람에 날개 맡긴 갈매기
너에게 마음 주고 함께 난다

신비의 나무

솟을대문 안마당
따가운 햇살 이고 서 있는
커다란 자귀나무

세월 쌓인 기와지붕에 기대어
바람이 흔들 때마다
출렁이는 나뭇잎

연분홍 꽃술이
빛의 알갱이 되어
오로라처럼 일렁이다
수줍게 숨어든다

뜨거운 햇살 받고 서 있는
자귀나무 아래
유년에 품었던
신비한 꿈이
아직도 간지럼 타고 있다

햇살과 바람과 그리움

정월에 시작해
섣달로 끝나며
열두 달 흘러갔다

슬픔도
땀방울도
낭만으로 새기고

햇살과 바람
그리움으로 얹혀 있다

봄 여름
가을 겨울
사계절이 흘렀다

눈물과 기쁨
뒤섞여 범벅이 되고

아쉬움에

목젖이 아리다

가고
또 오고 있구나

함께 가는 길

피고 지고 익어 가는 계절
벌 나비 비집고 들어앉아
너 좋고 나 좋고 먹거리 챙긴다

무심하게 자라는 작은 풀숲을 보고 있노라면
쑥쑥 잘 자라 붙여진 이름 쑥은
보릿고개 지날 때 뚝뚝 뜯어 허기 달래고
세 잎 손바닥 펼친 토끼풀은
장 속에 갇혀서 빨간 눈동자 데굴거리는 토끼 밥 되었지
보랏빛 달개비꽃은 책갈피에 잠재웠다

멈춘 듯 흐르며 달아나는 시간
이렇게 깊어 갈 줄 몰랐네

풍랑 헤치며 나아가던 겁 없던 조각배
어디로 갔지
말 안 듣는 무뎌진 덩치

탈 안 난 곳 없는 몸

밀고 당기며 어르고 달랜다

조금만 응석 부리고
손잡고 가자
이 길 끝까지

빗물이 눈물 되다

7월 초순 장마가 시작되었다
바람은 태풍급
비 먹은 구름 몰려오며
심술까지 부린다

절친이 암이라고
머리가 쨍그랑
깨지는 소리

아픈 소식
아리고
기쁜 소식
뭉클해
펑펑 울었다

제멋대로구나!
울렁증이 돌아왔네

빗물 눈물은
절친이 되었어

종이꽃

병원 진료실
연골이 닳아
뼈와 뼈가 맞닿았어요

삼백육십오 일
쉼표 없었구나

달래면서 다독이세요

밥 주고 기름치고
쓰담쓰담

받아 온 약봉지
붉은 눈에 꽃으로 핀다

4부

아버지 무궁화꽃

밭일하고 들어오신 아버지
무궁화나무 그늘을 등지고 앉아
흐르는 땀을 손등으로 밀어낸다

보리쌀이 더 많이 섞인 밥과
씨알 굵은 찐 감자
된장에 박힌 풋고추 한입 베어 물고
흡족하신 얼굴

6.25 전쟁 때 백마고지 지켰던 아버지
나라꽃 무궁화 사랑이 특별했다
마당 울타리는 무궁화로 가꾸셨다

뜨거운 열기를 뿜어대는 여름날
끈기 일편단심의 꽃말을 가진
무궁화꽃이 피어나기 시작한다

8월 15일 광복절
대로변 양옆 전봇대에 태극기 꽃이 피어

바람에 일렁이며 자유를 노래한다

앞서간 선열들이
피 흘려 지켜낸 대한민국
그 혼을 잊지 말고
나라 사랑 되새겨야지

올해도
아버지가 사랑한 무궁화
무궁화꽃이 피었습니다

지나간 뒤에

여름 오니
봄이 왔다 간 것을
임 떠난 뒤 알게 되었네

바람에 휘돌다
떨어지는 낙엽 보며
어제가 청춘인 걸 알게 되었네

머리에 서리꽃 피고서야
알게 되었네

꽃만 꽃이 아니고
나도 꽃이었음을

돌고 도는 물레방아
추억 쌓는 줄 몰랐네

감나무 아래서

하얀 왕관 받쳐 드니
두둥실 흐르는
구름 사이로

투명한 햇살 내려와
꽃 진 자국 자국마다
발도장 찍는다

담쟁이덩굴 갸웃 기대여
수줍은 연지 찍고

붉게 익어 가는
감나무 아래서

꽃가마 타고 시집가던
언니 얼굴 그립다

희망 전도사

돌 틈 비집고
올라오는 작은 풀꽃

웅크리고
인내하던 더딘 세월

기억하고 있던
엄마 사랑 읽어 내어

여린 미소
소박한 향기로
아픈 주변 달래주네

익어 가던 이웃 사랑
바람 따라 길을 나서네

민들레 홀씨 되어
희망을 전하러

서성이는 황혼

매 순간 이별
매 순간 상봉
생은 찰나의 고리다

뒷물에 밀려
돌아오지 못할 앞서간 길

말티재 넘어온 걸까
고속도로 질주해 온 걸까
깜깜한 터널에서 떨기도 했지

묵은지처럼 곰삭은 시간
겉절이 맛으로 살아나
추억이 색을 입는다

바다를 검붉게 물들이며
무념 속으로 스러지는 불덩이
서성일 겨를도 없이 흐른다

어느새
이곳까지 와 있구나

숙제 아닌 숙제

빈둥빈둥 놀다가
허공에 떠다니는 단어를 낚으려
머리 굴린다

시 한 편 엮어
도서관 가는 날
게으름 피우며
핑계만 늘어놓았다.

풀린 마음 동여매어
어서 가고 싶어지는 곳으로 정해야지

모임의 발전을 위해
시상을 내건 오늘
숙제 아닌 숙제 같은 숙제
중간이라도 가려면
꼭 해야지

시 한 편 건지려니

머리에서 윙윙
바람 소리 난다

쓰고 읽고 나누고
더 예쁜 시어를 피우기 위한
문학 동아리

흉내라도 냈으니
마침표를 찍을까?

숲에서 배운다

숲이 빈 가슴으로 겨울잠을 잔다

체온이 5도로 내려가면
잎새는 고운 빛깔로 몸단장을 하는데
은행나무는 노란 봄옷
단풍나무는 붉은 여름옷
떡갈나무는 갈색 가을옷을 입고
저마다 색다른 꿈을 꾼다

바람이 불어야 잠이 오고
눈이 부셔야 꿈을 꾸는 숲속에서
스스로 낯선 잠꼬대하며
버림을 실천하는 나목이 된다는 건
지난날을 돌아볼 줄 아는 계절이 된 것

겨울잠을 위해서는 버려야 산다는 걸
숲은 알고 있고
나도 꿈을 꾸어야 봄이 옴을 배운다

연서

"할머니 사랑해요."
"할머니 예뻐요."

알록달록
삐뚤빼뚤

조심스레 피어나는
꼬물이 손끝 낱말

우리 집 보물단지
핑크빛 엽서

콩닥콩닥 할매 마음
사랑 가득 채운다

내 안의 나

이순 넘겨 고희에 선 지금
아직도 덜 마른 장작이다
아무리 비벼봐도 타지 못하고
매운 연기만 뿜다 지친다

가을 지나 겨울로 접어든 여정
자박자박 골짜기 걷노라면
앞서간 시인 말하길
인생길은 소풍
길섶 곳곳 감춰둔 보물 찾다가
하늘이 부르면 툭 털고 일어서라고

내 보물은 얼마나 찾았을까
지나쳤을까?
설령 찾았어도
해법을 읽지 못해
버려졌을까

한 가정 세우고

신뢰와 애정을 주고받으며
견뎌낸 그것이 내 보물

무대 위 배우처럼
관객 박수에 힘 얻듯
지켜준 사랑에
내 안의 나에게 큰 박수 보내야지

커 가는 지혜 나무

어버이날
빙 둘러앉은 오랜만의 가족 밥상
손주 녀석들 조잘대며 맛나게 먹고
자식들은 효도 보따리 풀어 내밉니다

왁자지껄 사람 냄새 풍기던 곳
바쁜 걸음 챙겨서 떠나보내고
동그마니 앉아 있으려니
외로움 한 덩이 남겨진 것 같습니다

돌아가신 부모님이 왜 떠오를까요
온전히 자식만을 위한 밥상을 준비하시느라
"코도 훌쩍할 시간 없었다."라며
바쁘셨던 어머니

온 힘 다하여 차려 놓은 부모님 사랑
재잘거리며 먹고 웃고 떠들다
챙겨 놓은 정성 보따리 안고
자식 도리 다 했다고 뿌듯하게 돌아왔던 그때

소란만 남기고 떠난 빈자리가
이렇게 허전하고 쓸쓸한 것임을
이제야 헤아립니다

부모 자리 꿰차고서야
그 마음 떠듬떠듬 헤아렸습니다
자라지 못했던 마음 키
미안하고 아픈 생각 쓸어내려
기분 훨훨, 발걸음 휙휙
날아간 곳, 잘 가꾸어진 물향기수목원

푸르른 하늘은 여유롭고
살랑대는 바람이 귓속으로 들어와 속살거립니다
볼은 발그레해지고
덩달아 심장도 콩닥거리며 유쾌해집니다

심호흡 크게 하고 얹혔던 체증을 날려 보냈습니다
상기된 내 안의 사랑
한 뼘 자라났습니다

봄

기다림 끝에서 시작된다
봄의 왈츠가

햇살이 두드리고
바람이 연주하니
가랑비 스며들어
땅속 간지럽힌다

흔들리고 설레며 피어나는 봄
최고의 선물

연인

아름답게 물들이는
마음

따뜻하게
감싸주는
배려

촘촘이
저장하는
기억의 공간

눈 뜨고
숨 쉬는
하루하루가 기적

사랑도 아픔도
껴안을 수 있는
안식처

자유로운 수호자

이 악물고
용쓰고
배배 꼬아도
거침없이 할일 다한다

연식이 오래되니
괄약근 문제라며
살짝 봐주었더니

힘쓸 때 다소곳
뒤돌아보고
얌전하게 앉았건만

남부끄럽게
때와 장소
가리지 않네

대담하게 큰소리치며
건강 지키는
나의 수호자

코스모스

보고 있는 것만으로도
풍광이 된다

큰 것은 큰 대로
작은 것은 작은 대로
하늘거리는 꽃잎들 하늘 향하고
서로서로 까치발 들어 키재기 한다

넘치는 개성이 어울려
화합 이루니
일렁이는 바람도
어깨동무하잔다

멈춰진 발걸음
흐뭇한 한마음
꽃밭이 되네

일기예보

열에 데워진 공기
스콜과 냉각을 밀어내며
수증기는 태풍을 품는다

옹기종기 모여
구름 집 짓고
햇빛 반사하면
이름을 얻는다

양떼구름
새털구름
뭉게구름
검게 밀려오는 먹구름

바람의 요술로
흩어졌다 모여들며
허공에 무늬를 새긴다

하늘 아래 서 있는 기상대

바람 짚고 구름 만지며
오늘을 읽는다

이윽고
우산이 대문 열고 나선다

풍경

잎새 저버린
헛헛한 길목
늦바람에 흔들려
다소곳
귀한 자태 세우네

말간 장미
수줍은 진달래
빼꼼 내미는 개나리

깃 세운 초겨울
조각 햇살 어루만지어
계절 토해
풍경 만드네

홍시

흐르는 것이 어디 세월뿐인가
구름
바람도 흐르고
몸
마음도
낯설게 흘러간다

사계절 시련 견딘 후에
또렷이 생성되는 한 줄 나이테처럼
삶의 바퀴 굴리며
서산마루에 서 있다

생의 끄트머리
저만치서
맛나게 익어간다

희망 나무

맑은 눈동자 희망 달아
반짝이는 인사 건넵니다

웃음꽃 피는
화사한 학습실
호기심 가득한 예쁜 마음터
희망 씨앗 뿌렸어요

미래 품은 텃밭에서
큰 꿈
작은 꿈
한데 어울려
뽐내고 사랑 받으며 자라납니다

행복 피고 진 자리
열매 맺는 기쁨
학습 도움 반

귀한 임들과 인연 되어
선한 사랑 닮습니다

| 시 해설 |

푸른 숲에 가을볕으로 빛나는 언어
– 이복숙 시인의 『숲에서 배운다』 시집을 읽고

김 병 중 (시인, 문학평론가)

1. 들어가며

　사람은 백 년을 살고 나무는 천 년을 산다. 생존의 길이는 서로 다르지만 재능 있는 사람은 무형문화재가 되기도 하고 오래된 나무는 천연기념물이 되기도 한다. 가치 있는 것은 대부분 특별한 존재가 되는데 그 존재를 공감 소통하는 기록으로 다양하게 쓰는 것이 문학이다. 세상에 소멸되지 않는 것을 가치라고 할 때, 가치는 눈에 보이는 현상보다 눈에 보이지 않는 추상성이 더 고급 예술로 구현된다. 구월이 눈앞으로 바삐 지나가면서 우리에게 물음을 던진다. 너는 단순히 나무를 보고 있느냐 아니면 전부를 보여주지 않는 숲을 보고 있느냐? 화두 앞에 잠시 대답을 뒤로 미룬 채 이번 첫 시집을 상재하는 이복숙 시인의 『숲에서 배운다』 첫 시집을 같이 펼쳐보기로 한다.

　시집을 낸다는 것을 비우는 것이거나 딴은 채우는 것이라고 한다. 비우는 시인은 그동안 품고 있던 시를 독자 앞에 바친다는 의례이고, 채우는 시인은 책으로 묶어 낸 작품을 통해 독자들의 반향을 기대한다는 것이다. 어차피 가을은 비우는 계절, 한 그루의 나무 앞에서 떨어지는 나뭇잎을 보며 계절이 지나가고 있음을 알게 되고, 한편 낙엽 지는 숲속을 걸어가며 새들의 노래보다 소슬한 바람 소리가 가까이서 들려옴도 알게 된다. 나무를 보는 사람은 자기 완성을 위한 탐구에 가깝고, 숲을 보는 사람에겐 따뜻한 시선으로 미지의 세계를 구원하고자 하는 풍경으로 더 가까이 다가올 것이다.

　이 시인의 추억과 집 곁에는 푸른 수목원이 있어서 여러 종의 나무들이 산다. 백당나무, 때죽나무, 자귀나무, 무궁화, 목련화, 설중매, 개나리, 명자나무, 미선나무, 배롱나무, 금강소나무, 대나무 등등에다 움직이는 나무도 더불어 산다. 사람은 뿌리가 없어 움직이는 나무라 무시로 흔들리고 뽑히고 꽃 피고 낙엽 지는 평지 풍파를 온몸으로 감당해야 한다. 시인은 이런 나무들에게서 삶을 살아가는 이유와 방법을 배운다. 첨에 꽃을 사랑하다가 다음엔 열매를 사랑하게 되고 후에는 나무를 사랑하면서 숲까지 사랑하는 삼림의 삶을 살아오고 있다.

2. 겨울잠을 아는 시인

동물 중에는 곰이나 뱀, 개구리나 다람쥐 등은 겨울잠을 자고 식물도 알뿌리들이나 활엽수 등도 겨울잠을 자야 그다음 해 꽃을 피운다. 이들의 잠은 간단하고 단순한 피로 회복 기능이 아닌 생존을 위한 숙업이다. 이에 비해 보통 사람들은 겨울잠을 자지 않지만 시인은 숲이 빈 가슴으로 겨울잠을 자듯 자신에게도 잠이 필요하다는 자각을 한다는 건 얼마나 특별한 삶인지『숲에서 배운다』는 작품에서 이를 확인할 수 있다.

숲이 빈 가슴으로 겨울잠을 잔다

체온이 5도로 내려가면
잎새는 고운 빛깔로 몸단장을 하는데
은행나무는 노란 봄옷
단풍나무는 붉은 여름옷
떡갈나무는 갈색 가을옷을 입고
저마다 색다른 꿈을 꾼다

바람이 불어야 잠이 오고
눈이 부셔야 꿈을 꾸는 숲속에서
스스로 낯선 잠꼬대하며
버림을 실천하는 나목이 된다는 건
지난날을 돌아볼 줄 아는 계절이 된 것

겨울잠을 위해서는 버려야 산다는 걸
숲은 알고 있고
나도 꿈을 꾸어야 봄이 옴을 배운다
—「숲에서 배운다」 전문

 겨울잠은 그에게 자신을 돌아보기 위함으로, 그러기 위해서는 복잡다단한 세상을 잠시 아낌없이 버려야 한다. 그러므로 겨울잠은 죽음 같은 어둠이 아니라 잠 속에 꿈이 있고 꿈 속에서 봄이 온다는 사실을 미리 알고 있어 그 잠을 자기 위한 준비의식은 간단치 않다. 은행나무는 노란 봄옷, 단풍나무는 붉은 여름옷, 떡깔나무는 갈색 가을옷을 차려입고 곱게 몸단장한 후 바람에 춤추고 눈부신 햇볕을 즐기는 예행 연습이 끝나면 미련 없이 옷을 버리고 나목이 된다는 점이다. 지난날을 돌아보는 나목의 시간이, 보상의 봄인 걸 아는 시인은 자신에게 불어닥친 고난과 인고의 시간을 견디고 꽃이 피는 봄을 즐거이 받아들이는 긍정의 시학으로 나아가고 있다.

깃 세운 초겨울
잎새 저버린 길목
조각 햇살 스미어
고운 자태 세우다

말간 장미
동박새의 노래 따라
방울방울 아쉬운

      웃음꽃 흘린다

      마음 한쪽 비워
      빛의 풍경을 담는다
                      —「길목에 서서」 전문

  겨울은 봄 길로 가기 위한 하나의 노정이다. 그 길에 삭막하고 얼어붙은 살풍경한 모습들이 눈앞의 현실로 다가오지만 시인의 시선은 그 자리에 오래 머물지 않는다. 겨울을 맞이하는 시인이 잠이라는 허기와 강추위라는 동장군의 위력 앞에 굴복하지 않는 치열함으로 맞서기에 새로운 기대감을 갖게 한다. 겨울을 이기려고 조각 햇살에 힘입어 깃을 세우는 시인, 겨울에 핀 말간 장미와 동박새의 노래를 들으며 시인은 우는 게 아니라 웃음꽃을 피운다. 그것은 지난가을 마음 한쪽을 비워 둔 덕분에 희망을 안고 겨울을 이겨 기어코 빛의 풍경을 가슴에 담는다.

      나뭇가지 흔들며
      사납게 불던 바람은 어디 갔나
      잠 못 이루던 시린 가슴
      따뜻한 운해가 덮었네

      - 중략 -

      본향을 향한 종착역

/시 해설/

서산마루 걸쳐 있고
눈뜨고 숨 쉬고
하루하루가 기적인 지금

남은 것은 감사 기도뿐
마주한 두 손
하늘에 닿기를

―「기도」 일부

  모진 겨울을 이기자면 한 그루의 나무로 버티는 것보다는 하나의 숲이 필요한 것, 시인 6자매는 서로 튼튼한 숲이 되었으니 돌개바람인들 무엇이 무섭겠는가. 아무리 강풍이 불어와도 바람에 춤을 추고 문풍지 노래를 같이 합창하는 그들 앞에 겨울 바람인들 무뎌지지 않을 수 없다. 입춘대길이라는 춘첩이 붙을 무렵 사납게 불던 바람은 어디론가 사라지고 시인의 겨울잠은 끝이 난다. 그리고 어느새 눈구름 대신 따뜻한 운해가 몰려와 시린 가슴을 포근히 감싸준다. 이렇듯 겨울잠이 끝났음을 암시하는 시인의 행간에는 남다른 직관으로 보듬는 가족에 대한 따뜻한 애정이 깔려 있고, 그것을 이겨낸 원동력이 바로 기도였음을 알게 한다. 긴 겨울잠에서 기도로 이어지는 겨울의 시련이 지나가며 하루하루가 기적으로 그리고 새로운 희망으로 다가오고 있다.

3. 고향의 나무를 보는 진지한 시선

수구초심을 말하지 않아도 누구나 고향을 그리워하지 않는 사람은 없다. 강릉이 고향인 시인 역시 대관령을 넘어 수십 년 타향살이를 해왔으나 지금도 쉬지 않고 돌고 있는 대관령의 풍차보다는 동해 바다의 출렁이는 푸른 파도가 더 그리운 것이다. 고개를 넘어서면 보이는 강릉 그리고 고향집은 늘 시인의 마음속에 빛나는 서정으로 자리하고 있다. 그것은 단순히 읽는 시가 아닌 보는 시, 보는 시를 넘어 생각하는 시라는 생각이 들며 추억 속에 시인의 유년을 점철케 한다.

　　한여름 밤
　　초가지붕 위로
　　순한 보름달이 떠오르면
　　하얀 박꽃 피고
　　북두칠성 곁으로 은하수 흐릅니다

　　평상에 누우면
　　작은 풀벌레 소리도
　　고요 속으로 스며듭니다

　　헌 고무신짝 올려
　　모깃불 피우던 그 시절

　　지금
　　오가는 이 없는

/시 해설/

그리움입니다
　　　　―「고향 생각」 전문

　고향은 그리움과 연계되어 먼산바라기보다 별이 흐르는 밤하늘을 바라보게 한다. 그 하늘에는 무엇이 빛나고 있을까? 초가지붕 위로 떠오른 보름달과 하얀 박꽃 그리고 가장 선명한 북두칠성, 그 곁으로는 길게 흐르는 은하수 강이 있는 것이다. 평상에 누우면 주변에선 풀벌레 소리 들리고 헌 고무신짝 얹어 모깃불 피우던 생각이 무럭무럭 피어나는 그건 마치 한 폭의 진경산수화가 아닐까.

　강릉에는 예로부터 다섯 개의 달이 뜬다는 경포호가 있다. 그렇다면 거울처럼 빛나는 호수에 다섯 개의 달은 어디에 뜰까? 경포호에는 하늘에 뜬 달과 바다에 비친 달, 호수에 비친 달과 술잔 속에 비친 달 그리고 임의 눈동자에 비친 달이 있다고 했다. 여기 하나를 더한다면 시인의 마음속에 뜬 달이 아닐까. 그것은 「고향 생각」에서 '지금 오가는 이조차 없어도 그리움으로 남았습니다.'라는 구절이 이를 입증해 준다. 아무도 없는 고향집에 가도 여전히 보름달은 뜨고 박꽃은 피며 북두칠성은 여전히 빛나기 때문이다. 사라진 유년의 추억으로 회귀를 꿈꾸는 시인에게는 아직 오관을 통한 독백은 살아 있기 때문이다.

솟을대문 안마당
따가운 햇살 이고 서 있는
커다란 자귀나무

세월 쌓인 기와지붕에 기대어
바람이 흔들 때마다
출렁이는 나뭇잎

연분홍 꽃술이
빛의 알갱이 되어
오로라처럼 일렁이다
수줍게 숨어든다

뜨거운 햇살 받고 서 있는
자귀나무 아래
유년에 품었던
신비한 꿈이
아직도 간지럼 타고 있다

―「신비의 나무」 전문

 자귀나무는 사랑이다. 밤이 되면 작은 잎이 쌍쌍이 겹치는 모습에서 금실 좋은 부부 또는 남녀간의 은밀한 사랑을 연상해 합환목合歡木, 합혼수合婚樹, 야합수夜合樹, 유정수有情樹 등의 별칭으로 부른다. 꽃에서 나는 향기가 수수하고 낭만적인데다 그 향기로 인해 자귀나무가 사랑받기도 하니 자귀나무는 이래저래 사랑의 대명사이다. 시인은 왜 자귀나무를 신비의 나무라고 했을까? 그것은 E. pound의 "자연에 인간성을

반영하라."는 의미와 동질의 것으로 보인다. 고향집에 서 있던 자귀나무는 유년의 부모와 육 자매와 겹치며 사랑으로 서 있는 게 아닐까.

분홍색 꽃이 비단 같다고 해서 'silk tree'라고 하는데, 시인의 꿈 많은 유년은 분홍색 비단인 셈이다. 꼬투리 열매가 겨울바람에 서로 부딪혀 시끄럽게 달그락거린다고 하여 여설목女舌木이라고 하고, 밤이면 작은 잎이 겹치는 모습이 잠자는 것처럼 보이는 자귀나무는 육 자매가 화려함보다는 얼마나 다정다감한 꽃시절을 보냈는지 어느 정도 짐작이 가능하다. 그러므로 그 나무는 신비의 나무가 되고 자매를 의미하는 중의적인 뜻을 담고 있어, 보다 입체적이고 다양한 상상의 궁전을 짓게 만든다.

베적삼 걸친
아버지 굽은 등에
여름날 불볕 꽂힌다

구릿빛 얼굴
멍울진 땀방울
아등바등 매달려
소금꽃 피고

아롱이 다롱이
벌린 목구멍

> 배고픈 일기는 쓰지 말라고
>
> 멍에 얹은 어깨 펴고
> 오늘도 힘차게
> 길을 나선다
>
> — 「아버지」 전문

　시인의 아버지는 시인보다 강하다. 그 당시 딸 모두를 고등교육 이상까지 시킨 건 보통의 아버지가 아닌 것이다. 아버지가 시인의 눈에는 등 굽은 모습으로 보이기도 하지만, 일면 나약해 보이는 모습을 숨기고 오히려 건강한 구릿빛 얼굴과 짭조름한 소금꽃으로 묘사하고 있다.

　그것은 눈앞의 정서보다는 한층 온화하고 거리를 둔 기억의 묘사로서 사실적 진술보다 강한 느낌의 표현을 한 것이다. "배고픈 일기는 쓰지 말라."고 당부하는 아버지는 딸들을 위해 어깨를 활짝 펴고 더 힘찬 모습의 아버지로 아침을 나서는 그 모습은 얼마나 당당하고 자랑스러운가. 성취와 구현이 완성되지 않았더라도 최선을 다하는 아버지를 바라보고 자란 딸들에게는 세상의 어떤 시련과 난관도 과감히 물리치고 자신들의 삶을 투철하게 나갈 수 있는 동력이 된 것이다.

> 앞산
> 산능선 아래

자리한 오두막 한 채

　　봄 처녀 다소곳
　　먹물 찍어 봄 그린다

　　붓길 닿는 자리마다
　　앞다투어
　　호롱불 매달아

　　임 오시는 길목
　　환히 밝히네
　　　　　　―「목련」 전문

　변치 않는 사랑과 품위와 고귀함이라는 꽃말을 가진 목련화는 곧잘 수녀에 비유되기도 하고 봄을 대표하는 영춘화迎春花이기도 하다. 이 시는 봄을 노래하고 있으면서도 풍기는 분위기는 근원적인 슬픔이 얼비친다. 슬픔도 하나의 자연처럼 보일 때 가장 아름답다고 하지만 시어가 산등선, 오두막 한 채, 봄 처녀, 먹물, 붓길, 호롱불, 임이 등장하여 봄과 아버지가 같이 오버랩되는 게 그저 단순하게 보이지 않는다. 봄날 먹으로 그리는 하얀 목련은 하나의 상장喪章으로 다가오기도 하고, 한편 목련은 꽃이 먼저 피고 후에 잎이 나는 속성으로 인해 눈부신 봄날 시인과의 만남이 아닌 이별의 정서를 깔고 있다는 것을 감안하면 적어도 아버지는 산등선 어디메쯤에서 목련꽃으로 피어 자매들의 봄을 품위 있게 지켜주고 있을 터이다.

> 꽃 피고
> 진 자리
> 결실 달렸다
>
> 흐르는 시간 따라
> 영그는 육 자매
>
> 홀어미 땀방울
> 거름 되어
> 탐나게 영글었다
> ―「열매」전문

　한 떨기 꽃을 피우기 위해서는 뻐꾹새가 울고, 하나의 열매가 영글기 위해서는 가마솥 안 같은 폭염에 매미가 질탕하게 울어야 한다. 그리고 꽃이 진 자리는 상처가 아닌 열매가 자라 결실이 된다는 건 자연적인 순환이 아니다. 뻐꾹새와 매미가 온몸으로 울었기에 결실의 계절이 오듯, 시인의 육 자매도 홀어미의 땀방울과 헌신의 거름이 있어서 탐난 열매로 영근 것이다. 묘사가 단순하고 집약되어 명료하지만 그 시적 함의는 내면의 깊이와 넓이를 가진 내용으로 공유된다.

　홀어미는 아버지보다 더 강한 모습으로 「열매」라는 시에 등장한다. 아버지가 떠나가신 후 시인의 어머니는 땀으로써

딸들의 영토에 숙성된 밑거름을 뿌린다. 주제가 선명하고 호흡이 짧다 하더라도 중언부언 늘어진 애매한 산문시보다 주제가 선명할수록 좋은 시가 된다. 결국 어머니는 여섯 자매라는 열매를 튼실하게 키워 탐스런 결실로 이루게 한 것은 시인 어머니로서의 소명 그 이상의 의미를 내포하고 있다.

4. 아낌없이 주는 나무

나무는 뿌리로 산다. 그처럼 시인도 고향의 뿌리 깊은 나무의 힘으로 산다. 유년시절 힘이 되어 준 여러 수종의 나무들, 그 나무들은 지금도 살아 시인의 유년을 기억하고 있으리라. 나무들은 꽃과 잎 그리고 열매를 주고 나아가 그늘에 향수까지 주면서 소멸되지 않는 힘을 부양해 주고 있다. 이렇게 아낌없이 주는 나무들의 사랑을 아는 시인은 이를 시로 되갚으려 한다. 시는 곧 사랑의 마음이다. 그러므로 무엇이건 사랑해야 시가 되고 그 시를 위해 시인은 진정으로 나무를 사랑한 것이다. 나무마다 숨은 의미를 찾아 들어가는 성찰은 숲속에 깃든 새의 둥지를 찾거나 풀 속 두더쥐 굴을 찾는 것보다 어렵다. 이럴진대 시인은 무념무상으로 숲길을 거닐면서 선한 나무의 숨소리와 깊은 숲의 노래를 들으며 새롭게 발현되는 생각의 호흡을 적어 좋은 시로 탄생시키고 있다.

고향을 쓰는 시인이 나무만 보고 숲을 보지 못한다면 시가 제대로 성숙되었다고 말하기는 어렵다. 이는 전체에 대한 통찰이 부분에 대한 묘사를 앞선다는 말이 된다. 하지만 시인에게는 강릉이라는 고향이 있고 그 고향의 나무들은 시인에게 꿈과 희망을 주고 종국에는 깊은 시심까지 베풀어 주었다. 그래서 첨에는 나무에 대한 시를 쓰고 후에는 숲에 대한 시를 써 나가게 만든다. 숲의 세계는 나무 한 그루보다 더 질서 있고 순수하며 나무 한 그루는 바람에 흔들리지만 숲은 방풍림이 되어 자연을 노래하게 만들고 그 노래 안에는 아버지와 어머니와 친구와 또 다른 여러 얼굴들이 활동사진으로 다가온다.

밭일하고 들어오신 아버지
무궁화나무 그늘을 등지고 앉아
흐르는 땀을 손등으로 밀어낸다

보리쌀이 더 많이 섞인 밥과
씨알 굵은 찐 감자
된장에 박힌 풋고추 한입 베어 물고
흡족하신 얼굴

6.25 전쟁 때 백마고지 지켰던 아버지
나라꽃 무궁화 사랑이 특별했다
마당 울타리는 무궁화로 가꾸셨다

뜨거운 열기를 뿜어대는 여름날
끈기 일편단심의 꽃말을 가진

무궁화꽃이 피어나기 시작한다
- 중략 -

―「아버지 무궁화꽃」일부

  시인의 아버지는 왜 무궁화꽃을 유독 사랑했을까? 그 답은 위의 시에서 찾기 어렵지 않다. 6.25 참전 용사로서, 특히 백마고지 전투에 임했다는 점이다. 10일간 24번이나 고지 주인이 바뀐 그 전투는 목숨이 몇 개라도 감당 안 되는 치열한 싸움에서 나라를 위해 목숨 걸고 임했으니 다른 수식어가 필요 없다. 그런 아버지를 하늘이 도와 구사일생으로 살아 돌아오게 했으니 집은 무궁화 울타리로 만들고 남달리 무궁화를 사랑했으며, 여섯 명의 딸들도 무궁화처럼 사랑한 아버지가 되었다. 밭일하고 돌아와 무궁화 그늘 등지고 앉은 아버지는 손등으로 땀을 밀어내고 밥상을 받는다. 반지기 밥과 씨알 굵은 찐 감자와 된장에 박힌 풋고추 한입이면 만족하던 아버지의 얼굴이 선하지만 지금은 보이지 않는다.

  하지만 아버지의 나라를 위한 일편단심은 여름이면 무궁화꽃으로 피어 다시 살아 오신다. 올해도 무궁화꽃이 피었고, 그 꽃은 아버지의 꽃으로 만개한다. 햇빛이 뜨거울수록 꽃술을 활짝 열고 무궁무궁 피어나면서 시인의 문학적 감성을 자극하여 그것이 한 편의 애국시로 탄생된다. 아버지는 소박한 시골 농부로 보이지만 지극한 애국자로, 무궁화라는 질료는

애국으로 승화되는데 요즘 혼란해지는 정치의 상황을 보면 더 아버지가 그립고 무궁화꽃이 핀 울타리가 보고 싶어진다.

> 두엄더미 옆
> 한 뼘 땅뙈기
>
> 해 따라 도는 해바라기
> 땅따먹기 채송화
>
> 철 따라
> 엄마 소망 피어나는 곳
> 풍문 듣고 모여든
> 자랑터
>
> 환한 미소 그리워
> 꽃밭에 서서
>
> ―「엄마의 꽃밭」 전문

 사람은 사람에게 다가갈 수 있어도 꽃은 스스로 꽃에게로 다가가지 못한다. 한번 뿌리내린 그 자리에서 최선을 다해 꽃을 피웠다가 질 뿐이다. 아버지는 무궁화꽃으로 피었다가 지고 그 뒤엔 해바라기꽃이 뒤이어 핀다. 여기서 해바라기꽃은 아버지를 향한 어머니의 상징이다. 두엄더미 옆 한 뼘의 땅뙈기를 차지하고 핀 꽃이 고향집을 지키고 그 꽃은 육 자매와 함께 소망으로 자리한다. 우는 꽃이 어디 있으랴. 엄마의 꽃밭은 환한 미소가 피어나며 아버지가 없는 빈자리를 아름답게 지켜내자 어디선가 꽃 소식을 듣고 사람들이 모여드는 자랑터가 된 건 우연이 아니다. 지금도 무궁화와 해바라기는 해마다 피어 꽃밭을 이루고 그 밭은 주인이 없어도 꽃말은 언제나 명언으로 남아 온몸으로 고향을 노래하고 있다.

> 강남 갔던 제비
> 박씨 하나 물고
> 훈풍에 휘감겨 돌아왔네
>
> 얼기설기 물오른 가지마다
> 연둣빛 새움 돋아날 때
> 숨죽여 살피는
> 작은 눈망울
>
> 짙어지는 잎새 뒤로
> 살그머니 조막손 펼쳐
> 환하게 달아 주는
> 핏빛 꽃등
>
> 수줍게 숨어서
> 마음 훔치는
> 얄미운 사랑
>
> 명자야
> 명자야
>
> ―「명자꽃」 전문

꽃도 차례가 있어 순서대로 피는 건 거부할 수 없는 하늘의 일이다. 아버지 꽃이 먼저 지고 담엔 어머니 꽃도 진 꽃밭이지만 그 뒤를 이어 시인에겐 명자꽃이 자리한다. 친구와 소꿉놀이하던 추억은 다른 어떤 기억보다 오래 뇌리에 각인된다. 시간을 초월하는 것은 추억이고 그것은 경험 속에서 지속적인 자아와 직관의 힘을 통해 잃어버린 시간을 되찾게 된다. 여기서 명자꽃은 친구의 상징으로 단발머리 시절 의 여러 동시적인 요소가 등장한다.

『흥부전』에 등장하는 강남 갔던 제비와 박씨, 연둣빛 새 움과 작은 눈망울, 조막손과 꽃등, 수줍게 마음 흔들리던 풋사랑은 하나의 꽃이 된다. 명자, 순자, 숙자, 길자 등 자가 유난히 많이 붙던 이름들이 그리운 나이가 된 시인에겐 자기만의 마음의 꽃밭이 있다는 게 위안이 된다. 시에서 위안과 위로를 느낀다면 그건 매우 가치 있는 일이다. 사랑 없이는 한 줄의 시도 쓸 수 없다는 랭보의 말처럼 시인은 명자꽃을 사랑하며 아직도 명자꽃의 봄날을 생생히 기억하면서 위안을 얻는 것이다.

    병원 진료실
    연골이 닳아
    뼈와 뼈가 맞닿았어요

    삼백육십오일

/시 해설/

쉼표 없었구나

달래면서 다독이세요

밥 주고 기름 치고
쓰담쓰담

받아 온 약봉지
붉은 눈에 꽃으로 핀다
　　　　　―「종이꽃」 전문

　한여름 칼끝 같은 햇빛과 비 오듯 구슬땀이 흐른다. 그것은 노동이 아닌 소중한 삶의 시간이자 천직으로 살며 상처를 꽃으로 피우고 살아온 시인에겐 이제 새 힘을 보충할 약이 필요하다. 습관의 배를 타고 시간의 강물을 따라 흘러왔음에도 이제는 조금씩 불편해지는 몸을 의식하면서 삶의 지도를 검색한다. 그리고 찾은 공동의 꽃밭에서 모처럼 쉼표를 찍고 심호흡하며 기지개를 켜 보지만 손금 같은 시간들이 희미하게 투영되어 온다.

　꽃이 피면 살고 꽃이 지면 죽는다는 삶의 꽃밭에 선 시인은 문득 자신이 꽃이라는 생각을 하게 된다. 뿌리 없이 끈질기게 살아오고 꽃 피워 온 세파에 꺾이지 않는 꽃이지만 점점 흔들리는 꽃이 되어감을 안다. 그리고 병원에서 받아든 「종이꽃」, 꽃도 거름 주고 물 주고 아껴 줘야 산다는 건 상식

인데 그동안 왜 소홀했을까. 고통과 슬픔은 영혼을 분해한다지만 시인은 종이꽃을 바라보며 슬픔이 아닌 시인은 늙지 않는 꽃으로 남는다는 생각으로 번뇌를 차단해 버린다.

>잊힌 듯
>무심한 듯
>그러나 늘 지키고 있다
>
>바람 속 하늘을 품고
>곁을 지키는 보라매처럼
>
>말없이 마음을 가린
>꽃담처럼
>
>묵묵히 자리 지키는
>사랑하는 아들
>―「울타리」 전문

화무십일홍, 열흘 가는 꽃은 세상 어디에도 없다고 말하지만 백 날 핀다는 백일홍, 천 일 핀다는 천일홍도 있고, 아니 사계절 핀다는 사계 장미도 있다. 꽃밭이 존재하는 것은 꽃밭 주인이 있어야 하듯, 지금도 시인은 든든하게 주인 자리를 지키고 있다. 비가 내리고 바람이 불고 낙엽이 물들어도 시인은 종종 아버지의 무궁화 울타리를 생각하고, 어머니의 해바라기 뜰을 그리며, 친구의 명자나무 추억을 살뜰히 기억한다.

허나 추억을 상기함에도 힘이 필요한 나이쯤엔 든든한 울타리 하나를 다시 생각하게 된다. 그 울타리는 강릉과는 번지수가 좀 다르지만 시인의 마음을 뺏는 꽃담이다. 무심한 듯, 하지만 하늘을 품고, 보라매처럼 곁에서 지켜주는 바로 아들이다. 떠나보낼 것을 다 떠나보내고 한 가슴에 남은 꽃은 이제 서서히 계절이 가을로 내달리고 있어도 외롭지 않다. 시간의 흐름은 바닥과 제방이 없는 강물이라 한 것처럼 시인은 이제 노을이 타는 가을 강 앞에서 사랑하는 아들을 바라보며 과거와 현재와 미래가 공존하며 그것은 끝이 아닌 지속이 된다는 것을 깨닫는다. 길은 자신이 속해 있는 하나의 영겁으로 흐르는 시간 속에 찰나적인 순간일지라도 더 큰 빛이 되려면 하늘에 붙박힌 별보다 별똥별처럼 선을 그으며 멋지게 떨어지는 것이 아니겠는가.

5. 나가며

인생은 한 그루의 나무이고, 그 나무들이 이룬 숲이 우리가 살고 있는 세상이다. 나무 한 그루에 새들이 깃들고 바람이 스쳐가며 나뭇잎이 울울창창해지면서 그늘도 짙어진다. 시인은 그 나무만 바라보지 않고 그늘과 그늘 아래 앉아 있던 사람들과 그들이 나눈 이야기와 전설까지 생각하는 시인이 되었다. 시인의 나무가 육 자매의 숲에서 이젠 세상을 써가는 문학의 숲길을 나란히 걸으며 이 시집을 통해 하나의 굵은 종지부를 찍으려 한다. 한 권의 시집을 낸다는 건 꽃이 떨어지고 열매를 맺는 일이다. 열매가 다시 싹이 터 꽃을 피우듯 시인에겐 이제 꽃밭 주인의 자리를 물려주고 별밭 주인이 되어 더 넓고 더 높으며 더 총총한 우주의 별세계를 열어갈 수 있을 것이다.

시란 머리로 쓰는 것도 가슴으로 쓰는 것도 아닌 온몸으로 쓰는 것이다. 시인의 장점은 소박함 속에 참숯 같은 정직이 자리하고 절제되어 있으며 리얼리티에 충실한 시편들이라는 점이다. 그 힘은 아버지와 어머니와 친구와 아들이 함께한 꽃밭 주인으로 살아온 덕분이 아니겠는가. 아직은 시의 완결성이나 다양성이 조금 부족한 점도 눈에 띄지만, 어차피 문학이란 정답이 없고 정답을 구하려 해서도 안 되기에 윌슨의 "열중한 만큼 진보한다."는 말을 권하고 싶다.

시인은 「마음에 피는 꽃」에서 "젊어서 보이지 않던 꽃들이 이제 폭죽처럼 터지고, 향기를 뿜어야 꽃이고 자태가 고와야 꽃"이라 믿던 생각들이 바뀐 것은 매우 바람직한 변화다. 문학은 어디까지나 새롭고 자유로워야 하며 만국 공통어인 웃음과 울음을 독자들에게 던져줄 수 있는, 그날을 기대해 보는 것은 매우 설레는 일이다. 시인이 덜 마른 장작으로 매운 연기를 피운다 해도, 그 연기로 인해 평화로운 수묵화를 그리는 풍경이 되고 차가운 마음의 방을 데우는 발전소가 되지 않는가. 시인이 무대 위의 배우인 것은 독자들이 객석의 관중들과 같기 때문이다. 결국 내 안의 나를 가꾸고 지키며 앞으로도 고향과 진실과 낭만이 흐르는 좋은 시로 만나게 되길 기대한다. 자신의 숲속에 가을볕으로 빛나는 성찰이 담긴 아래 시를 함께 음유하며 벌써 우리는 가을 숲길의 끄트머리에 이르른다.

이순 넘겨 고희에 선 지금
아직도 덜 마른 장작이다
아무리 비벼봐도 타지 못하고
매운 연기만 뿜다 지친다

가을 지나 겨울로 접어든 여정
자박자박 골짜기 걷노라면
앞서간 시인 말하길
인생길은 소풍
길섶 곳곳 감춰둔 보물 찾다가
하늘이 부르면 툭 털고 일어서라고

내 보물은 얼마나 찾았을까
지나쳤을까?
설령 찾았어도
해법을 읽지 못해
버려졌을까

한 가정 세우고
신뢰와 애정을 주고받으며

견뎌낸 그것이 내 보물

무대 위 배우처럼
관객 박수에 힘 얻듯
지켜준 사랑에
내 안의 나에게 큰 박수 보내야지
　　　　　　　―「내 안의 나」 전문